ÉLOGE

DE

M. ROUX.

ÉLOGE

DE

M. ROUX,

DOCTEUR-REGENT, ET PROFESSEUR DE CHYMIE A LA FACULTÉ DE PARIS.

A AMSTERDAM;
Chez WETSTEINS.

M. DCC. LXXVII.

ÉLOGE

DE FEU M. ROUX.

Non fumum ex fulgore, sed ex fumo dare lucem.
HORAT. art. poeti.

AUgustin Roux, Docteur Régent & Professeur de Chymie à la Faculté de Médecine de Paris, naquit à Bordeaux le 27 Janvier 1726.

Sa famille, originaire du Périgord, étoit tombée de l'état d'une honnête bourgeoisie dans une profession bornée à la classe des métiers, mais assez voisine d'une certaine éducation libérale pour avoir donné des hommes rares aux lettres & aux sciences. Après que la philosophie & la religion ont pris des maîtres & des législateurs dans les atteliers

& les boutiques, quel homme de génie & de ſens rougiroit d'avouer un tailleur pour ſon pere ? Les grands talents arrachent l'homme à l'obſcurité de ſon berceau, comme aux ténebres de ſa tombe ; & ſi c'eſt un bonheur de naître illuſtré ; quand on a ſu ſe faire un nom, il eſt glorieux de ne l'avoir point reçu.

M. Roux fut l'aîné de quatre garçons. Le ſecond eſt reſté à Bordeaux, dans la profeſſion de ſon pere, où il vit avec aiſance. Le troiſieme que le premier avoit attiré lui-même à Paris, y mourut en 1755 d'une maladie convulſive, épuiſé par les études & les veilles qu'il conſacroit à la géométrie, ſcience profonde & dévorante, qui mine ceux qui la creuſent, mais pour laquelle il ſembloit être né. Le quatrieme, qui avoit embraſſé la chirurgie, eſt mort depuis deux ans dans nos colonies de l'Amérique. Ainſi le commerce & les arts, diſperſent & conſomment les hommes, depuis la découverte du nouveau monde.

M. Roux ne dût rien à la fortune,

beaucoup à la nature, & entr'autres avantages rarement assortis, une mémoire vaste avec un jugement très-sûr. Cependant, & c'est ce qui produit les meilleurs esprits, l'une de ces facultés étoit tellement subordonnée à l'autre qu'il apprit difficilement à lire, ne pouvant sans doute rien savoir qu'il ne le comprît. Son esprit rebelle aux méthodes & aux formules des écoles, repoussoit toute instruction qui n'étoit pas bien digérée. Ce fut peut-être un bonheur pour lui d'être réduit à se former lui-même. Il sentit ses forces de bonne heure, & sut les employer. On vouloit le retenir trop long-temps à l'étude des premiers élémens du latin. A l'insu de son maître, il alla se présenter au college des Jésuites, & répondit si bien aux questions que lui fit le préfet, qu'il fut admis dans les classes sans autre recommandation ni témoignage que ce premier examen.

Les grands obstacles couvent les grands succès. Cet écolier eut tout à vaincre. Son pere, soit inexpérience ou détresse, croyant d'ailleurs que le travail étoit un aſſez bon maître, ne put ou ne voulut lui procurer aucun de ces ſecours qui hâtent ou ſecondent les progrès. Ni répétiteur, ni précepteur n'aiderent l'étudiant, dès qu'il fût au college. Le pere s'obſtina même à ne pas voir les Régents de ſon fils, comme s'il eût eſpéré lui donner plus de reſſort, en le laiſſant tout tirer de lui ſeul.

Ainſi M. Roux fit ſes claſſes ſans autre encouragement que le deſir d'apprendre. Je l'ai vu, moi qui me conſole ici de ſa perte par ce foible honneur que je rends à ſa mémoire, je l'ai vu dans l'enfance, (nous étions du même âge,) allant au college, les mains & les talons percés d'engelures, ſe traînant dans les rues de Bordeaux, au milieu des neiges & des glaces de l'hyver, dédaigné de ſes compagnons & négligé de ſes maîtres, braver la rigueur des ſaiſons & les rebuts des hommes, qui ne voyoient encore en lui que ſa foibleſſe ſans preſſentir ſes talens, cachés ou traverſés long-temps par ſes ſouffrances. C'eſt à vous que ceci s'adreſſe, jeunes écoliers que la nature pouſſe aux ſciences malgré la fortune, qui marchez dans une carriere longue, laborieuſe, & couverte à l'entrée, d'épines & de larmes ; c'eſt pour vous ſurtout qu'on doit écrire la vie des hommes de lettres. Le monde eſt rempli de gens ingrats & dédaigneux, qui s'amuſent ou profitent quelquefois de nos travaux, ſans s'occuper de notre vie ou de notre mémoire. Liſez ces lignes, & prenez courage. Elevé, pour ainſi dire, dans l'abandon & dans l'oubli, M. Roux parvint à une réputation diſtinguée.

Ses humanités cependant ne l'annoncerent pas ce qu'il devoit être un jour; mais il ſe fit remarquer dès la philoſophie, même par ſon éloignement pour les formes ſcholaſtiques. C'eſt alors qu'aſſis par haſard ſur le même banc à côté de M. d'Arcet, ils ſe lierent du premier coup-d'œil pour le reſte de leur vie ; mais d'une amitié ſi pure & ſi conſtante, que malgré la différence des caracteres & la rivalité de talents, aucun nuage ne l'a troublée un ſeul inſtant ; & leurs intérêts ſe ſont tellement confondus avec leurs ſentiments, qu'on ne ſauroit dire lequel des deux a fait le plus ou le moins de ſacrifices à l'autre.

Le bon eſprit de M. Roux ſe manifeſta par le goût qu'il prit pour la lecture de Locke, & ſur-tout pour l'étude des mathématiques. Il s'y livra ſous les leçons de M. Théſis, profeſſeur au college de Guienne, qui, le diſtinguant bientôt de la foule, l'honora d'une tendre affection. Les progrès de l'écolier, l'eſtime ſinguliere & la reconnoiſſance qu'il conſerva toujours pour ſon guide, vengent aſſez ce mathematicien de l'oubli où meurent ſes pareils dans les provinces reculées de la capitale ; oubli honteux & flétriſſant pour ces villes de commerce où l'on ne cultive la géométrie que pour l'arpentage, & la ſcience du calcul que pour les comptoirs.

Au ſortir de la philoſophie, où M. Roux apprit dans l'étude de quelque mauvais ſyſtême, à les oublier tous pour obſerver la nature, ſon pere lui déclara qu'il devoit ſe réſigner à faire ſon cours de théologie, afin de ſe conſacrer à l'état eccléſiaſtique. C'eſt la premiere vocation que prennent les peres pour leurs enfans dans les conditions les moins aiſées, ſur-tout en nos pays méridionaux. La religion & la pauvreté concourent à ce ſacrifice. Le jeune philoſophe avoit un oncle, Curé de campagne; il alla paſſer les vacances chez cet eccléſiaſtique. Il y employa ce temps de loiſir à lire l'Ecriture-Sainte & l'hiſtoire de l'Égliſe. De retour à Bordeaux, il communiqua le fruit de ſes lectures à un Jéſuite, profeſſeur de philoſophie, homme d'un mérite ſupérieur. Celui-ci fut ſi ſurpris des queſtions & des objections de ce jeune aſpirant qu'il lui conſeilla de ne point étudier en théologie; parce que le doute, la meilleure diſpoſition de l'ame pour la recherche des vérités naturelles, eſt peut-être la plus mauvaiſe pour les dogmes de la Foi. L'écolier alla donc dire à son pere qu'il se sentoit appellé par la nature à la médecine, & non au sacerdoce.

Le pere lui répondit que pour le premier de ces deux états, il falloit une sorte de fortune, avant d'y parvenir à la pratique qui procure quelquefois l'opulence avec la célébrité ; au lieu que l'Église étoit un champ où l'on trouvoit toujours la subsistance, sans beaucoup de frais ou d'avances de culture. Le fils par déférence, ou par timidité, parut d'abord céder à l'inflexible résolution de son pere : mais avec le peu d'argent qu'on lui donnoit uniquement pour les études préliminaires à la prêtrise, il n'achetoit en secret que des livres de médecine. On s'en apperçut, & tout secours lui fut retranché.

Que fit l'étudiant ? Il emprunta de ses amis les livres de la science qu'il aimoit de passion, les copia de sa main, fit relier ces manuscrits, & en forma sa premiere bibliotheque. Avec ces ressources de son industrie, il parvint à s'initier dans les élémens de la profession qu'il avoit choisie, au point de répéter chez lui à ses condisciples les leçons des écoles publiques, devenu, pour ainsi dire, maître aussi-tôt qu'écolier. Ce n'est pas tout. Pour arriver à l'anatomie, il commença par ses fondemens, l'ostéologie ; & faute d'autres moyens, il entra dans une espece de charnier, où il prit des ossemens dont il refit un squelette. La nature pour être connue veut quelquefois être forcée. A la premiere dissection où il assista, on fut obligé de l'emporter évanoui sans connoissance ; & cette foiblesse témoigna peut-être que le goût d'une science effrayante ou rebutante pour des sens délicats, tenoit dans son cœur à l'amour de l'humanité. L'aspect d'une plaie fait horreur ; mais elle perd ce qu'elle a de hideux aux yeux de celui qui la guérit.

Un des Maîtres de M. Roux, & son guide dans l'étude & la pratique de la médecine, fut M. Grégoire, homme presqu'aussi redouté des malades pour son humeur brusque & tranchante, qu'admiré des étudians pour son excellente latinité, cher & vénérable à sa Patrie par la mémoire de ses talents, & digne d'une grande célébrité qu'il auroit acquise s'il avoit travaillé à Paris, où sans doute il eût laissé des écrits. Cet habile médecin, rempli de la doctrine des meilleurs auteurs, soit anciens ou modernes, qu'il pouvoit égaler, conduisit & dirigea le jeune Roux dans les hôpitaux de Bordeaux. M. Grégoire y servoit par trimestre, alternativement avec un autre médecin; mais il se distinguoit de son collegue, en arrêtant ou chassant la mortalité dans cinq ou six jours de présence. » Jamais, (a souvent dit son Éleve) » je n'ai vu personne d'une pratique » aussi simple & plus heureuse que la » sienne «.

En 1750, l'étudiant fut reçu Docteur en médecine dans sa patrie, & sans les secours de ses parens, mais un homme de mérite y suppléa. Ce fut M. de Barbot, président à la Cour des Aides, retiré de bonne heure du cabinet des affaires à celui des ſciences, l'un des membres les plus diſtingués de l'Académie de Bordeaux, recommandable à la république des lettres par la quantité conſidérable d'excellens livres dont il enrichit avant ſa mort la bibliotheque publique de ſa province, & par ſes liaiſons intimes avec le génie original de notre ſiecle, l'immortel Monteſquieu. Telle étoit la réputation de ſon eſprit & de ſon ſavoir que beaucoup de gens ont cru, du moins à Bordeaux, qu'il avoit eu la plus grande part aux Lettres perſannes; mais il m'a dit à moi-même qu'il n'y prétendoit que l'honneur de les avoir vû faire, & le plaiſir d'avoir pu les lire à meſure que l'auteur les écrivoit, ou les châtioit. Ajoutons à cet aveu modeſte que perſonne n'a dû donner plus de lumieres & de meilleurs conſeils, ſoit pour l'érudition ou pour le goût, au créateur de *l'Eſprit des Loix*, que M. le Préſident Barbot. Cet Eloge entre naturellement dans celui de M. Roux, qui s'honora juſqu'au dernier moment, des bienfaits de ce magiſtrat littérateur ; bienfaits d'autant plus eſſentiels, que les ayant reçus dans l'époque de ſes études la plus importante, ils lui avoient, pour ainſi dire, ouvert la carriere de la réputation qu'il a ſi bien méritée.

C'eſt dans la Capitale qu'il devoit l'acquérir. Mais comment s'y rendre ? L'amitié lui en procura les moyens, qu'il ne trouvoit point dans ſa famille. Son pere, qui pendant les trois ans d'un premier cours de médecine, n'avoit pourvu qu'à l'étroite ſubſiſtance qu'il ne pouvoit lui refuſer, loin de l'aider à faire le voyage où l'excitoit une émulation inſurmontable, ne voulut pas même recevoir ſes adieux. Le fils emprunta donc ſix cens livres, & muni de lettres de recommandation, il vint à Paris.

Dans cette Ville, compoſée à la fois de la lie & de l'élite de toutes les autres, rendez-vous de tous les vices & de tous les talents ; où la miſere des provinces vient reclamer la diſſipation de leur abondance, mais où la foule même repousse l'inconnu dans une effrayante solitude, mais où l'étranger court risque de devenir sauvage, s'il n'est bientôt civilisé jusqu'à la corruption ; dans ce cahos où toutes les ambitions, les besoins, les travaux, les peines & les jouissances se combattent & se confondent, le jeune Roux, poussé loin de sa famille par la nécessité de parvenir ou de ramper, ne trouva pour amis que de jeunes gens, la plupart pressés comme lui de la détresse & de l'émulation qui tourmentent certaines ames fieres, nées dans l'obscurité, mais pour en sortir, comme tant d'autres naissent dans la grandeur pour en tomber. Le dégoût, l'ennui, la mélancolie attendent à Paris le provincial sans fortune ; à moins que le libertinage & l'intrigue ne le jettent du néant dans un abîme. Que de talens échoués & perdus à ces deux écueils si voisins l'un de l'autre, l'indigence ou le désordre ! M. Roux eut la force & le bonheur de les éviter, d'abord par une étude obstinée.

Peu de temps après ſon arrivée, il fut chargé d'une éducation ; heureux à l'âge où l'on perd les mœurs, de s'être obligé d'en inſpirer. Ce fut M. de Monteſquieu qui le plaça. Quelque honneur qu'on ſe fit de recevoir un inſtituteur de la main d'un ſi grand maître, on objecta cependant l'inexpérience d'un jeune homme, qui, récemment ſorti de ſa province, n'avoit encore pris ſoin d'aucune éducation. *Eh! Je le crois bien*, répondit l'Auteur de l'Eſprit des Loix, *M. Roux n'eſt pas un homme qui doive faire deux fois ce métier.* A ce mot, on ſe hâta de le prendre, & il le juſtifia. Sa gloire & ſon premier éloge, c'eſt d'avoir formé M. d'Héricourt, aujourd'hui Conſeiller au Parlement, homme rempli des meilleures connoiſſances & des vertus les plus ſolides, citoyen modeſte & magiſtrat patriote.

Veut-on connoître à la fois l'habilité du maître, les progrès du diſciple, & le mérite de l'inſtruction ? Qu'on jette un coup-d'œil ſur *l'Encyclopédie porta-*

tive, ouvrage anonyme de M. Roux, le fruit & le plan des leçons qu'il a données à M. d'Héricourt. Ce seroit une erreur de regarder ce livre comme un abrégé, ou comme un simple extrait du grand Dictionnaire, si fameux par le nom de ses éditeurs & par le déchaînement de ses ennemis, plus nombreux encore que ses articles. L'auteur a puisé sans doute dans ce livre beaucoup de détails & de morceaux sur les matieres dont il n'avoit pas fait sa principale étude. Mais le choix, la rédaction, & sur-tout l'ordre & la méthode qui distinguent ce précis des connoissances humaines, lui assurent le mérite d'un ouvrage élémentaire à l'usage de la jeunesse, ou plutôt des instituteurs : car chaque éducation devroit être une petite Encyclopédie ; c'est-à-dire, renfermer les notions principales de toutes les sciences.

Si l'on posoit une vérité fondamentale bien établie, on en verroit sortir comme d'un point central toutes les vérités qui concourent à former l'esprit humain, ou l'homme ſocial. Ces divers rayons s'étendroient plus ou moins, ſelon la grandeur du cercle. D'abord il ne ſauroit être trop petit. Les rayons en ſeroient courts & peu nombreux. On les ſuivroit l'un après l'autre ; & peut-être ne tarderoit-on pas à voir celui qui conviendroit le mieux à chaque eſprit. Alors l'inſtituteur traceroit un nouveau cercle, dont les rayons ſeroient autant de branches de la ſcience à laquelle ſon éleve auroit été deſtiné par la nature. Il en eſt des ſciences comme de la matiere univerſelle, où chaque point peut devenir un centre. Du milieu d'un jardin champêtre, je voudrois faire parcourir à mon enfant, dans nos promenades académiques, le monde des choſes & des idées. Là je tracerois à ſes yeux & dans ſon eſprit, un rayon d'agriculture, un rayon de géométrie, un d'aſtronomie, un de géographie, un d'hiſtoire naturelle, un d'hiſtoire ſociale ou civile; & ſa raiſon ſe formeroit de tout ce que ſes ſens ou ſa mémoire auroient recueilli.

Ce

Ce que je dis ici, M. Roux l'a fait dans son Encyclopédie portative. Il présente d'abord à son éleve, ou à son lecteur, la terre qu'il habite avec les êtres physiques dont elle est couverte, partagés en trois Regnes qu'il lui développe dans une certaine étendue, d'après ses propres connoissances. De-là il jette un coup-d'œil dans le ciel pour y prendre une idée du systême planétaire & de son influence sur notre globe. Après avoir considéré la terre en physicien, en naturaliste ; il la visite en géographe, & montre ce monde tel que les hommes l'ont arrangé dans leurs bouleversemens politiques. Dès qu'il a parcouru cette nomenclature des lieux ; il cherche l'usage qu'on a fait des corps qui enrichissent la surface de ce globe, & traite des arts méchaniques qui se sont exercés sur les matieres des trois Regnes, se bornant à la description des arts les plus nécessaires à la vie, ou les plus curieux pour l'invention.

Dès que l'éleve a meublé sa mémoire

d'aſſez d'objets & de faits, il apprend à faire travailler ſon eſprit ſur les idées qu'il a recueillis par les ſens ; & c'eſt ce travail que l'auteur appelle les connoiſſances des corps acquiſes par la réflexion. Ici commence l'étude des mathématiques pures. Quoique la géométrie ait quelque choſe de plus palpable pour les enfans, & qu'elle dût attirer leur curioſité de préférence, cependant le beſoin journalier de l'arithmétique, & ſon utilité univerſelle qui ne tarde pas à ſe faire ſentir, engagent l'Encyclopédiſte à débuter par la ſcience du calcul, d'autant qu'il ſemble encore plus aiſé de compter les corps que de les meſurer, & que les meſures elles-mêmes ſont nombrables.

Après les conſidérations de la quantité & de l'étendue, vient celle du mouvement, premiere modification de la matiere, d'où découlent toutes les Loix de ſon action. C'eſt la place d'un petit traité de méchanique. Au reſte, les définitions du mouvement, de l'étendue, des nombres & de l'unité, ſont très-ſimples dans cet ouvrage; & l'auteur les donne pour neuves.

La connoiſſance de l'univers mene à la recherche de ſa cauſe, ou de ſon Auteur. Ce principe inviſible de l'action générale de la matiere en fait ſuppoſer un, également impalpable, dans le corps humain. De-là les idées de Dieu & de l'ame. A l'ame appartiennent l'invention & la compoſition de toutes les idées intellectuelles, les formes du raiſonnement, & la communication des ſentimens; car toute idée eſt ce qu'on ſent. Ainſi de la phyſique, émanent & s'engendrent la métaphyſique, la logique & la grammaire. Avec ces inſtrumens, l'ame ſe crée des plaiſirs & des jouiſſances, c'eſt-à-dire, tous les arts de l'imagination: l'éloquence, nouveau pouvoir de l'homme ſur l'homme; la poéſie qui étant l'empire de l'éloquence; la muſique qui donne à tous les accents de la nature, à tous les ſons de la parole un charme plus touchant; la déclamation qui fait valoir la poésie & l'éloquence; la danse qui, soumise à la musique, lui rend toute l'influence qu'elle en reçoit; ces différens arts nés ensemble, ou les uns des autres, vont à l'ame par l'oreille.

D'autres Arts, également enfans de l'imagination, attachent l'ame par les yeux; tels sont les trois arts du dessin. L'architecture d'abord ordonnée par le besoin, marche au luxe de sensualité par celui de commodité; demande la grandeur pour flatter l'orgueil de l'opulence, & la symmétrie pour la facilité des communications. La sculpture, premier ornement de l'architecture, déïfia les hommes, vivifia les temples, décora les palais, embellit & peupla les jardins. La peinture inventée par l'amour & la crainte, par toutes les especes d'idolâtrie naturelles à l'esprit humain, trouva tous les moyens d'y perpétuer les impressions les plus agréables ou les plus terribles, de l'enchanter par des phantômes ou des images qui captivent son admiration ou sa stupidité, qui réveille toutes ses passions dominantes.

Voilà des arts physiques où le génie aide la main, où l'ame & les sens se prêtent un mutuel accord de leurs facultés. Quoiqu'ils soient postérieurs à d'autres inventions plus essentielles, l'analyste les place avant les premiers arts de la police sociale, soit à cause de la liaison que l'imagination semble avoir mise entre les arts analogues ou simultanés qu'elle crée; soit que l'organisation les produise d'elle-même dans l'homme isolé; puisqu'il pourroit absolument, sinon parler, du moins raisonner, exprimer de la voix ou du geste ses sensations, chanter, danser, bâtir même, sculpter & peindre, en un mot, se représenter au dehors d'une maniere fugitive ou durable, dans la solitude d'un état sauvage. Mais, considéré dans la société, l'homme a d'autres besoins, d'autres rapports, de nouveaux devoirs, de nouveaux systêmes d'idées.

Le premier nœud de l'ordre social,

eſt la morale, antérieure à toutes les loix dont elle fait la baſe. L'abrégé de la loi naturelle, & le ſommaire de la morale, c'eſt la juſtice qui conſiſte à ne jamais nuire, & dès-lors conduit à l'amour du prochain, à l'humanité. Ce principe enfanta toutes les eſpeces de droit, naturel, public & civil. De-là trois ſciences que M. Roux traite avec plus ou moins d'étendue, ſelon le degré de leur importance & de cet intérêt qui peut y attacher l'attention d'un jeune homme. L'auteur montre dans ce chapitre, l'un des meilleurs de ſon ouvrage, cet eſprit de juſteſſe qui ſçait admirablement claſſer les devoirs de la juſtice, & les renforcer tous par la mutuelle dépendance qu'il y fait appercevoir.

Après avoir établi les rapports & les lieux moraux de la ſociété, on en démontre la nature & la néceſſité par les faits; & c'eſt ici que vient l'étude de l'hiſtoire, ſi déſolante pour la jeuneſſe qui aime à croire au bonheur, à la bonté de l'homme ; mais du moins consolante pour la vieillesse qui doit y apprendre à ne pas regretter la vie.

C'en est assez pour faire connoître la marche & la méthode d'un instituteur qui peut servir de guide à beaucoup d'autres. La préface de son ouvrage indiquera le reste aux lecteurs de son éloge. L'auteur devoit y ajouter un troisieme volume : mais d'autres occupations ont interrompu l'exécution de ce projet, que la mort vient d'anéantir. Un dernier mot dira plus qu'une page. M. Roux a fait lui seul un livre que peu de gens sont capables d'entendre tout entier ; & cet Éloge est celui du disciple pour lequel on a composé une rédaction utile à tant de personnes.

C'est par cet ouvrage qu'on peut apprécier l'universalité des connoissances & la solidité de jugement qui caractériserent M. Roux ; mais sur-tout cet esprit de méthode qui, rangeant dans sa tête chaque chose à sa place, les y lioit toutes par un fil plus sensible que ne l'est à nos yeux la chaîne générale des êtres ; heureuse trempe d'un esprit qui se rendoit présent à plusieurs objets à la fois ! il n'avoit qu'à se replier & tourner autour de lui-même, pour achever & montrer le cercle des sciences en un coup-dœil : ainsi la terre tournant en silence sur son axe, fait jouir tous ses habitans en un jour de la lumiere du Soleil.

Pour mieux approfondir certains genres de connoissances, M. Roux apprit l'anglois, qu'on pourroit appeller la premiere langue de la nouvelle physique & de nos sciences modernes. Des gens de lettres lui conseillerent de l'étudier. C'étoit un moyen de contribuer à la propagation des lumieres, en facilitant la communication des idées, & de subvenir à ses besoins par le débit de ses traductions. Il se livra sans relâche à cette étude ; & dans l'espace de six mois, il fut en état de coopérer à la traduction des *Transactions philosophiques* ;

Ouvrage

ouvrage qui demandoit pour être traduit l'intelligence des matieres ſcientifiques, encore plus que celle des mots.

C'eſt beaucoup pour un littérateur que de bien traduire ; c'eſt peu pour un ſavant, s'il n'ajoute de ſes propres connoiſſances à celles qu'il tranſmet par la traduction. M. Roux, dans celle qu'il publia d'un *eſſay ſur les vertus de l'eau de chaux pour la guériſon de la pierre*, ſe montra le digne émule du docteur Robert Whytt, auteur de cet ouvrage. Il enrichit les découvertes du phyſicien anglois de ſes recherches chymiques ſur l'eau de chaux. Dans ce morceau qui n'appartient qu'à lui ſeul, on voit qu'il a découvert le premier la nature de la croûte ſpontanée dont ſe couvre l'eau de chaux, expoſée à l'air libre. C'eſt une portion de la terre de la chaux, qui ceſſe d'être ſoluble dans l'eau. Si l'on précipite l'eau de chaux avec du ſel de tartre bien pur, elle ne laiſſera, après ſon évaporation, qu'un alkali fixe. Cet alkali ſans doute eſt plus cauſtique qu'avant l'emploi du ſel de tartre ; mais ce n'eſt point un ſel ſéléniteux , & l'on n'y découvre aucune trace de tartre vitriolé.

Ceux qui connoiſſent l'importance des petites découvertes ſur les grands objets, & la conſéquence des moindres erreurs dans la nature des corps qui tiennent aux matieres médicales , verront avec plaiſir ce premier eſſai d'un jeune chymiſte, qui ne touchoit, pour ainſi dire, à aucun élément des ſciences, ſans l'épurer ou ſans en étendre l'énergie. Ainſi l'analyſte a conjecturé de ſes expériences ſur l'eau de chaux , que la vertu qu'on attribue à ce mixte de diſſoudre la pierre , provient de ce qu'elle y décompoſe un ſel ammoniac & qu'elle agit ſur une huile, contenus l'un & l'autre dans la pierre. Ainſi le chymiſte médecin indique un moyen de perfectionner l'inſtrument du docteur *Whytt*, pour injecter l'eau de chaux dans le foyer de la pierre.

Si ces expériences n'étoient pas une

analyse complette de l'eau de chaux, du moins en y acheminant, elles annonçoient au public que l'éleve de feu M. Rouelle devoit être un jour le propagateur de sa doctrine; & peut-être dira-t-on de ces deux chymistes que l'un étoit né pour créer la lumiere, & l'autre pour la répandre : car, à l'exemple des panégyristes, il ne faut point ici pour élever l'homme qu'on loue, rabaisser tous ceux dont on le rapproche. M. Roux ajoutoit à la gloire d'être un des plus sçavans appréciateurs de M. Rouelle, la modestie de ne vouloir paroître que son disciple, & mettoit plus d'orgueil à le défendre que d'autres à l'attaquer.

Après l'*essai sur les vertus de l'eau de chaux*, M. Roux publia ses *recherches historiques & critiques sur les différens moyens qu'on avoit employés jusqu'alors* (1758) *pour réfroidir les liqueurs*.

C'est un excellent morceau de bonne physique, éclairée par la chymie. On y voit que les Orientaux quoique peu physiciens par l'étude, sont quelquefois nos maîtres dans les sciences comme dans les arts, par une expérience pratique & journaliere, dont leur climat leur fait un besoin. C'est en Perse, en Arabie, dans le Mogol & dans l'Inde, qu'on a trouvé le secret très-naturel de rafraîchir les liqueurs dans les temps les plus chauds, par les moyens les plus simples. Le négociant Chardin & le médecin Bernier en ont appris sur cette matiere; dans leurs voyages à Ispahan & à Dehli, plus que les philosophes & les naturalistes n'en avoient su jusqu'alors. Les peuples de l'Orient, que nous appellons trop légérement barbares, parce qu'ils n'étudient point ce que la nature leur a enseigné, ou ne pratiquent point ce dont elle les a dispensés, avoient même avant nous certains moyens artificiels de réfroidir les liquides. L'apparence fait conjecturer, dit M. Roux, que l'Europe a tiré ces moyens chymiques de l'Egypte ou de la Perse; puisque nos premiers physiciens en parlent toujours comme d'un ufage établi, non comme d'une expérience imaginée. Après le Chancelier Bacon & le Jéfuite Kircher, qui rapportent, l'un à l'art de faire des glaces comeftibles l'ufage de mêler du fel avec la glace naturelle, l'autre à l'ufage de jeter du nitre dans l'eau l'art de la rafraîchir jufqu'à la glace après ces deux favans, Boyle tenta une fuite d'expériences fur cette matiere, guidé par la pratique depuis long-temps ufitée en Italie.

Il fit obferver que le fel fond la glace & la neige, avant de coopérer avec ces fubftances au réfroidiffement des liqueurs. Il découvrit que prefque tous les fels mêlés à la neige glacent les liqueurs & les fruits; mais que les fels qui n'accélerent point la fonte de la neige, ne produifent point de glace. Sa théorie expérimentale eft le premier corps de doctrine en ce genre, & depuis on n'y a guere ajouté. Ni Mrs. Geoffroy, ni M. de Mairan, n'ont enrichi cette partie de la phyfique, quoiqu'ils en aient confirmé les faits par leurs expériences. Farenheit, par un mêlange d'esprit de sel avec de la glace pilée, a fait descendre de quarante degrés la liqueur de son thermométre ; expérience la plus surprenante qu'on ait faite sur cette matiere, dit M. Roux, mais qu'on pouvoit déduire de la méthode de Boyle. La réputation de Muschenbrock n'en impose pas à M. Roux, qui le déclare un très-mauvais guide en physique expérimentale. M. de Réaumur est le seul qui paroisse avoir étendu les limites de l'expérience sur la matiere du froid, en allant plus loin que Boyle, mais sans avoir l'attention de le citer lorsqu'il l'a copié. M. Roux fait un semblable reproche à M. Baumé, qui devant connoître les expériences de M. Cullen, professeur en médecine à Glascow, a oublié d'en faire mention, quoi qu'il n'ait pu les avoir répetées qu'après le docteur écossois. Tel est le précis de ces recherches qui ne sont elles-mêmes qu'un exposé fidele, mais supérieurement travaillé, des meilleurs écrits ſur une matiere intéreſſante & curieuſe.

Ces ouvrages de M. Roux l'avoient aſſez fait connoître pour l'enhardir à rechercher le doctorat en médecine, à la Faculté de Paris. Il emporta la premiere place des licenciés en 1760 ; & fut reçu docteur cette même année avec l'applaudiſſement unanime de ſes confreres. L'un de ſes plus redoutables compétiteurs, M. Jeanroy, étoit dès-lors & fut toujours un de ſes meilleurs amis ; tant le vrai mérite eſt un nouveau lien de ſympathie entre les belles ames. M. Roux avoit le bonheur d'en attirer à lui, preſque ſans y prétendre. Un homme qui connoiſſoit ſes talens, l'honnêteté de ſon caractere, & ſa mauvaiſe fortune, le força d'accepter ſix mille francs, pour les frais de ſa réception à la faculté de la capitale. M. Roux a voulu ſouvent rembourſer cet emprunt ; mais le prêteur s'y eſt long-temps oppoſé, ſous prétexte qu'il avoit moins beſoin de cette ſomme que ſon ami &, perſiſtant dans la générosité de ce refus, jusqu'à gêner la délicatesse de l'obligé. Celui-ci n'a pu s'acquitter qu'en faisant une sorte de violence à son créancier, qui éludoit les instances du débiteur ; l'un & l'autre ayant, pour ainsi dire, changé de rôle, & luttant ensemble avec cette noblesse de procédés qui n'appartient qu'au commerce de l'amitié. Cet honorable bienfaicteur, est M. de Mazel. Puissent tous les secrets de cette espece être révélés, pour l'apologie des lettres & de l'humanité !

Il est pourtant des hommes de ce caractere, qu'on ne peut pas nommer sans attenter à la jouissance de leurs vertus, des ames dont la bienfaisance est la volupté secrette & qui se remplissent intérieurement du bonheur qu'elles répandent. Un de ces hommes rares, qui cherchent toujours dans leur fortune où leur crédit, à servir les gens de bien utiles à la société par des talens, crut obliger M. Roux d'une maniere propre à le distinguer, s'il lui procuroit un moyen de mériter ce qu'il vouloit gagner. Dans cette intention, il le fit connoître aux directeurs de la manufacture des glaces de St. Gobin.

Cette Compagnie, malgré la supériorité de ses ouvrages & la vogue de leur débit, soit profusion des matieres, soit mauvaise économie des procédés de l'art, souffroit des pertes considérables. M. Roux attaché à cette manufacture par des honoraires suffisans à sa frugalité, découvrit bientôt la félure par où la liqueur échappoit du vase. Le salin étoit cher ; on le prodiguoit. Il enseigna le secret de le purifier ; il montra le moyen d'en tirer plus d'utilité & d'en perdre moins. Ensuite il s'occupa de la perfection du verre. Cet objet demandoit de nombreuses expériences. Il les tenta dans un petit fourneau qu'il fit construire aux atteliers du fauxbourg St. Antoine à Paris. Pour savoir si l'on devoit admettre ou rejetter ses nouveaux procédés, il eût fallu les éprouver en grand, dans les fourneaux mêmes de St. Gobin,

Le chymiſte le ſouhaitoit. Mais la compagnie, arrêtée peut-être par l'incertitude du produit comparée à la certitude de la dépenſe, par ces conſeils perfides ou timides que la jalouſie ou la cupidité jettent à la traverſe des courageuſes tentatives, par ces mille petites conſidérations qui repouſſent les grandes réformes ou les améliorations, cette compagnie, dis-je, ne voulut point haſarder des épreuves couteuſes, & dès ce moment M. Roux n'eut plus la liberté d'aller à St. Gobin.

Cependant on lui permit, on le pria même de faire le voyage de Londres, pour s'inſtruire de quelques procédés des Anglois, dans la fabrication des glaces. Il en revint avec les éclairciſſemens dont on avoit beſoin, & de plus avec l'art de faire la feuille d'étain.

A ſon retour, il rendit un autre ſervice à la compagnie dont il ménageoit les intérêts. Depuis long-temps on laiſſoit perdre à la Manufacture de St. Antoine, les *regrattures* de cette portion de feuille d'étain, qui excede les bords des glaces au sortir du tain. Il s'agissoit de séparer le mercure & l'étain qui s'y trouvoient mêlés, afin de remettre en valeur les débris de ces deux substances métalliques. On proposa cette tentative à M. Roux. Il y réussit avec tant de facilité que le manœuvre qui l'aidoit à cette opération, en fut bientôt assez pour s'en charger seul & sans guide. Un chymiste l'avoit essayé durant son absence, mais inutilement. Imitons ici la modération de M. Roux, & ne scandalisons pas le public, en dévoilant ou rappellant de petites manœuvres qu'il ne voulut confier lui-même qu'à ses amis. Si tous les gens de lettres laissoient ainsi dormir l'injure dans le secret où elle s'est cachée, tant de misérables libelles dont on empoisonne chaque siecle, ne déroberoient pas de bons Ouvrages à la postérité.

Dès que M. Roux put vivre sans exercer la Médecine, il cessa de la pratiquer, l'estimant trop ou trop peu pour en trafiquer. Content de mille écus qu'il retiroit par an de la manufacture des glaces, il ne vit plus comme Médecin que les pauvres ou ses amis; mais aussi ne leur refusa-t-il jamais les lumieres de son art. Fuyant la porte du riche pour la cabane de l'indigent, il se plaisoit à secourir l'habitant des campagnes, où il passoit les loisirs de l'automne. M. d'Héricourt l'a vu pendant un mois entier faire tous les jours deux lieues à pied malgré le froid & la pluie, pour visiter matin & soir un pauvre paysan, jusqu'à ce qu'il l'eût sauvé d'une maladie très-laborieuse.

Mais s'il étoit prodigue de soins, il ne l'étoit pas de remédes; les croyant d'autant plus efficaces qu'on y recouroit moins. Au reste, quoique l'indifférence de plusieurs hommes savans dans cet art, ait donné prise aux sarcasmes de la satyre contre une profession que la nature semble avoir, pour ainsi dire, enracinée dans les fibres & les visceres de l'homme, la philosophie lui devra toujours infiniment, ne fût-ce que ses meilleurs antidotes contre la plus forte maladie de l'esprit humain.

Un moyen s'offroit à M. Roux d'être utile aux malades & aux médecins tout à la fois. Le Journal de médecine vint à vaquer en 1762. Peut-être crut-il mieux servir les hommes, en faisant un Journal pour les médecins, qu'en exerçant la médecine pour son profit. La pratique en effet peut multiplier les fautes de cet art; un journal en corrige les erreurs. Médecin, M. Roux eut gueri des malades; journaliste, il a pu guérir ou redresser des médecins. Déja son talent pour les ouvrages périodiques s'étoit essayé dans les *Annales Typographiques*, qu'il rédigeoit depuis quatre ou cinq ans; ouvrage peu important par sa forme, son objet & son volume, mais utile à la librairie & même aux savans.

Un journal fait pour les médecins, demandoit un esprit sain, exact, méthodique, judicieux & d'une grande capacité, mais sur-tout une ame impartiale jusqu'à haïr les partis, par amour de la science & des hommes. M. Roux avoit cet esprit & cette ame. Il l'a montré pendant quatorze ans dans son journal. On y trouvera rarement le ton d'aigreur & de causticité qui fait le sel de ces sortes d'ouvrages, pour la malignité des esprits lâches, vuides, oisifs, & malheureux des talens d'autrui comme de leur propre impuissance. Dans le journal de médecine, où M. Roux a mis des soins, tout est rassemblé, rédigé, discuté pour le soulagement de l'espece humaine, qui est la véritable gloire des médecins, & pour l'utilité de la pratique, seul but de la théorie. L'auteur réunit de suite les ouvrages relatifs à la même matiere, les écrits pour & contre la même méthode, les observations qui rapprochées, répandent la lumiere, séparées, le doute & l'obscurité. Par ce moyen simple & dépouillé d'ostentation, le lecteur s'instruit sans que le maître se montre; & c'étoit tout l'art du Journaliste. Ses feuilles moins légeres & plus ſûres que celles de la Sybille, n'avoient rien de vénal. On pouvoit tromper M. Roux, non le corrompre. La vérité étoit dans son cœur, lors même que l'erreur ſe trouvoit par haſard ſous ſa plume. Mais peu d'écrivains ſe ſont trompés auſſi rarement, ſoit par ignorance, ou par paſſion. A deux querelles près, que lui ſuſcita ſa franchiſe, nul journaliſte ne s'eſt auſſi peu reſſenti de l'eſprit de nation ou de corps, des préjugés de profeſſion, du pédantiſme de ſes fonctions, de l'influence des opinions de ſociété, des préventions d'intérêt, ſoit conçues ou reçues, de l'aſcendant de ſon propre caractere, ou des inſinuations d'autrui ; nul enfin, n'a moins porté ſes ſentimens dans ſes jugemens, d'autant plus qu'il déroboit l'un & l'autre dans ſon journal, écrivant preſque toujours avec ſa raiſon, dans le ſilence de ſes affections (*a*).

(*a*) On doit encore à M. Roux l'Édition françoiſe de pluſieurs ouvrages de chymie. En-

C'est cet esprit de sagesse connu par dix ans d'épreuve, c'est sa sagesse autant

---

tr'autres il a conduit & dirigé la publication des œuvres de Henckel. On y trouve beaucoup de notes de sa façon; & sur-tout pour addition au chapitre 3e. du *Flora saturnisans*, un tableau raccourci, mais très-bien fait, de l'*analyse végétale* de feu M. Rouelle, chef-d'œuvre de ce grand homme, en matiere de chymie. L'œuvre de *Henckel*, les traités du *soulphre* & *des sels* du célébre *Stahl*, une collection en deux volumes des meilleurs mémoires de chymie, sortis de l'académie d'Upsal, tous ces ouvrages étrangers, ont été traduits par M. le Baron d'Holbach, à qui la France est redevable en grande partie, des meilleures connoissances, soit de chymie, de physique, ou d'histoire naturelle, que l'Allemagne a fournies à l'accroissement des sciences. Ce bienfaicteur désintéressé des lettres, après avoir grossi nos richesses de ces traductions importantes, renvoie à M. Roux le mérite d'en avoir dirigé l'édition. Peu de gens honorent les morts à leurs propres dépens; si cependant c'est perdre quelque chose du sien, que de partager avec un ami la gloire d'un travail utile, où l'on a voulu l'associer.

Une entreprise particuliere à M. Roux, est le commencement d'une traduction des *leçons de*

que

que sa capacité qui fit jetter les yeux sur lui, quand la faculté de médecine voulut ouvrir à Paris, dans ses écoles, un cours public & gratuit de chymie. Il falloit, outre les talens, trouver un homme désintéressé qui, malgré ses droits & l'usage, enseignât sans honoraires, & consacrât généreusement ses heures & ses forces à donner des leçons assez dispendieuses par leur nature.

Il falloit, pour la gloire du corps & du professeur, que celui-ci fût accepté, sans être nommé. Ce ne fut donc pas un sacrifice légal, mais un dévouement volontaire. M. Roux s'offrit, & fut avoué

---

chymie-médicinale & pharmaceutique de *Lewis*, faite d'après celles de *Newman*. Le traducteur françois a enrichi de ses propres additions celles de l'auteur anglois qui avoit commenté le chymiste allemand. On reconnoît son esprit méthodique & lumineux dans la partie du regne minéral, la seule achevée. Elle a été imprimée chez Cavelier ; & les quarante feuilles sorties de sous-presse font regretter que la rédaction entiere n'ait pu être finie par celui qui l'a commencée.

par acclamation. Dans un mois, l'homme, le laboratoire, les inſtrumens, les matieres, tout ſe trouva prêt; & l'école fut ouverte avec ce concours prodigieux d'auditeurs de tous les âges & de toutes les conditions, qui, loin de ſe démentir, n'a fait que s'accroître pendant ſix années conſécutives. Des ſavans & des gens de lettres aimoient à s'y rencontrer. Des étrangers même commençoient à s'y rendre, attirés, quelques-uns par la réputation de M. Roux, d'autres par une connoiſſance perſonnelle de ſon ſavoir prodigieux. Mille voix peuvent témoigner avec quel ton de vérité ſans enthouſiaſme il révéloit les myſteres de la chymie. Loin d'exagérer ou le mérite de la ſcience, ou les difficultés de l'art, il en écartoit l'érudition & l'étalage pédanteſques, qui les avoient long-temps dérobés au vulgaire, parmi les hyérogliphes de l'alchymie & de la pharmacie.

Avec très-peu d'expériences, preſque ſans appareil d'inſtrumens, n'ayant ni une grande facilité de parler, ni cette adreſſe à manier les matériaux, qui donne à beaucoup de chymiſtes une eſpece de ſuccès théatral, mais très-ſouvent un air d'empiriſme, il enſeignoit autant de choſes que de mots. Chacune de ſes leçons en épuiſoit le ſujet, mais ſans l'excéder, toujours avec moins de pompe que de richeſſe; tant ſon eſprit étoit plein de chaque objet. Donnant beaucoup ſans rien promettre, ſa méthode & ſon élocution, comme ſa perſonne & ſa conduite, vérifioient en lui ce précepte du poëte qui ſert d'épigraphe à ſon éloge : on y voyoit ſortir l'éclat du ſein de la ſimplicité, ſans que jamais les nuages interrompiſſent le cours de la lumiere. Les impreſſions qu'il faiſoit n'étoient pas vives & inattendues, mais durables & progreſſives. Il ne laiſſoit point à l'eſprit la liberté de s'égarer, ni le beſoin de méditer ſur ce qu'il avoit dit; tellement une idée appelloit la ſuivante, & toutes demandoient une continuité d'attention. Mais auſſi preſque ſans autre peine que celle de l'aſſiduité, quiconque avoit aſſiſté fidélement à ses leçons, se trouvoit à la fin de son cours, instruit, éclairé par une suite de notions & d'idées mises à leur place. Chaque connoissance, d'après la maniere dont il les rangeoit toutes, portoit le germe & la curiosité d'une autre. Il mettoit entr'elles par l'enchaînement, cette espece d'attraction ou d'affinité, dont la nature a lié tous les corps. C'étoit un esprit vraiment démonstrateur, qui n'échauffoit pas, mais éclairoit; cherchant plus à instruire qu'à briller, & plus glorieux de féconder les idées d'autrui, que de faire valoir les siennes. Trop prévenu d'ailleurs contre les systêmes pour se hâter d'en édifier, il aimoit mieux les opposer entr'eux, & les mettre aux prises, bien assuré qu'il sortiroit de leurs ruines plus de vérités que de leur structure. C'est à la fin de deux cours de chymie donnés à la fois, l'un aux écoles de médecine pour le public, l'autre chez lui pour les amateurs, que M. Roux est mort le 28 Juin 1776. Une maladie peu considérable en apparence, mais interne

& profonde, ſans aucun ſymptôme allarmant, ſans criſes menaçantes, par des progrès conſtans & cachés, l'a miné vieilli, détruit, éteint en 12 jours (a).

(a) On a fait courir beaucoup de bruits faux & ridicules ſur cette mort; & la célébrité de M. Roux, ainſi que l'avidité du public pour l'extraordinaire, a répandu & accrédité ces bruits avec une précipitation qui n'a permis qu'à un petit nombre de gens ſages d'aller à la recherche des faits. On a dit entr'autres fauſſetés, que M. Roux s'étoit empoiſonné par imprudence, en faiſant le beurre d'arſenic.

Deux faits avérés & conſtans. 1°. C'eſt qu'il ne s'eſt fait dans ſon laboratoire que quatre onces de de beurre d'arſenic, & que M. Roux ne les a pas faites lui-même. On les prépara d'après ſon ordre; elles furent miſes dans un flacon en ſon abſence, & il ne reparut à ſon laboratoire que le lendemain de ce travail. D'ailleurs, une auſſi petite quantité de beurre arſenical, qui ſe diſtille toujours dans la cheminée, ne ſauroient empoiſonner, ſi ce n'eſt par une malheureuſe étourderie, dont M. Roux n'étoit pas capable.

2°. Les victimes de l'arſenic périſſent dans des tourmens & des convulſions effroyables, lorſqu'elles en ont pris ſuffiſamment pour être em-

Sa mort eut le caractere de sa vie. L'une vint sans de vives souffrances, comme l'autre s'étoit passée sans de grandes passions. La gravité, le sens-froid, la raison, l'égalité l'accompagnerent jusqu'au trépas.

M. Roux étoit d'une taille moyenne, d'un teint basané par la bile, d'une physionnomie sans traits saillans, d'une constitution robuste & saine, l'une & l'autre comme son esprit. Dur au travail, à la fatigue, aux souffrances mêmes, il étoit sujet depuis quelques années à des dou-

---

poisonnés : ou bien l'on tombe dans la plus extrême consomption, quand on en a pris trop peu pour en mourir promptement. Ainsi finissent ordinairement les ouvriers qui sont sacrifiés dans les mines au travail du cobolt & à la séparation de l'arsenic. Rien de pareil dans la mort de M. Roux.

Cette note est de M. d'Arcet, son ami de trente ans, qui l'a suivi jusqu'au dernier soupir, qui a fourni les principaux faits de son éloge, & qui par son mérite personnel releve encore l'hommage qu'il rend à la mémoire de M. Roux.

leurs errantes qui saisissent beaucoup d'hommes à l'âge où les plaisirs les quittent ; triste resoulement peut-être de cette source de vie & de volupté, qui, trouvant ses canaux usés ou obstrués, s'irrite & se déborde dans le sang ou les humeurs, y fermente sous le nom de goutte ou de sciatique, & finit souvent par étouffer l'individu désormais inutile à l'espece.

Depuis long-temps M. Roux étoit affecté par intervalles d'une sensation douloureuse de froid sur l'estomac. Il l'éprouva pour la premiere fois en 1759 après de grands excès de travail ; & jamais il ne se livroit fortement à l'étude, sans ressentir cette douleur. Le froid sur l'estomac lui prenoit constamment la nuit, & le réveilloit en sursaut. Le seul remede qu'il y eût trouvé, mais qui lui réussissoit toujours, c'étoit de mettre son oreiller sur cette partie ; & bientôt la chaleur le délivroit de son mal. Il s'en est plaint fréquemment dans sa derniere maladie, sur-tout au commencement. C'est donc l'application & le travail de tête qui doivent avoir abrégé ses jours, comme ils suffoquerent un de ses freres par une hydropisie de cerveau. Que de victimes pareilles on pourroit compter de l'amour des sciences ! Il faut les regretter, mais non les plaindre. Quand on voit le fléau de la guerre moissonner les peuples & les chefs ; la navigation couter des milliers d'hommes pour les trésors d'un luxe qui doit anéantir des nations ; les arts de sensualité & de frivolité, dépeupler les campagnes pour corrompre les villes, & sacrifier une portion de la plus précieuse classe des hommes, aux impitoyables voluptés de la classe la plus dévorante ; enfin, quand les travaux les moins nécessaires font une prodigieuse dépense de population, oseroit-on disputer à la propagation des sciences & des lumieres quelques poignées de jours, employés souvent à réparer les maux que causent sur la terre les passions destructrives, à éclairer l'humanité sur les erreurs qui l'affligent ou la ravagent, à chercher des

remedes,

remedes physiques ou moraux contre l'abus que fait la tyrannie des facultés de l'homme, soit utiles ou nuisibles. Eh ! quelle est l'ame vraiment sensible à tous les malheurs de la société, qui n'ait dévoué de bonne heure & son repos & sa vie à la noble passion de la félicité publique ? Des nations, des professions nombreuses ont mis leur gloire à braver la mort pour le faux honneur de la patrie, à s'immoler par générations entieres au fol & cruel espoir d'établir la domination d'un peuple sur la ruine de plusieurs ; & l'on craindroit d'user ou d'abréger, à des études profondes & sublimes, une courte vie que tant d'insensés prodiguent à des plaisirs honteux, à des services avilissans, à un commerce de dépravation, flétrissant pour tous les sexes & les âges ! Heureux encore celui qui peut mourir à la recherche des vérités utiles, & dire à son dernier soupir, je ne dois qu'à d'innocens & louables travaux les douleurs & les infirmités qui ont précipité la fin de ma carriere.

Ce fut la consolation de M. Roux, & le dernier témoignage de sa conscience droite & tranquille. L'étude avoit été sa passion dominante, la seule qui lui eût coûté des veilles & des excès; encore s'en étoit-il un peu corrigé pour le soulagement de son estomac. Mais ses momens de dissipation étoient souvent des heures d'instruction pour les autres; car il répandoit, sans peine comme sans empressement, dans ses entretiens, le fruit de ses longues études. Il savoit de tout, & beaucoup de chaque chose; l'histoire & la géographie, soit des temps anciens ou modernes, avec une exactitude qui n'appartient qu'aux érudits de profession; l'agronomie, assez pour avoir mérité une place dans la société d'agriculture de la généralité de Paris. Toutes les matieres d'économie civile, ou d'administration publique, étoient du ressort de son esprit; il les possédoit avec cette étendue & cette profondeur d'intelligence qui en a fait le domaine des meilleurs écrivains, & avec cette supériorité de discussion qu'on admire chez quelques philoſophes qui s'en ſont occupés. Portant dans la phyſique cet eſprit d'analyſe qui fait la bonne métaphyſique, il décompoſoit les idées dans la converſation, comme les corps dans ſes opérations de chymie. Pas un ſavant dans aucun genre utile qui ne l'écoutât avec plaiſir expoſer ſur chaque matiere ce qu'il en avoit appris; & s'il n'inſtruiſoit pas tout le monde, choſe rare, il n'ennuyoit perſonne, quoiqu'avec un eſprit ſérieux, & même un dehors froid.

Né avec cette fierté que donne à chaque homme le ſentiment de ſes forces, ſoit qu'il les tire de la fortune ou de lui-même; ſans bleſſer, mais auſſi ſans enfler l'orgueil des conditions, n'oubliant ni les déférences de l'uſage, ni la dignité de l'homme indépendant, il voyoit plus volontiers ceux qu'il croyoit obliger que ceux dont il pouvoit eſpérer, plus diſpoſé à rendre des ſervices qu'à ſolliciter des graces.

Son déſintéreſſement étoit ſi connu,

que beaucoup de perſonnes ſe faiſoient ſcrupule de lui demander les ſecours de ſon art. Ses amis mêmes furent ſouvent obligés de ſurprendre ſa délicateſſe, pour ſoulager l'inſtant de la reconnoiſſance : mais s'il en recevoit les témoignages, c'étoit comme dons du cœur, non comme dettes.

Au nombre de ſes amis, il pouvoit compter les hommes les plus recommandables du ſiecle par leurs talens, ou leurs écrits. Quelques-uns l'ont pleuré; des domeſtiques l'ont pleuré; & c'eſt honorer des philoſophes que de mêler ici leurs larmes à celles du pauvre. Mais une amitié digne d'être diſtinguée eſt ſans doute celle d'une femme qui, par les agrémens de ſon eſprit & les charmes de ſon caractere, avoit ſu réunir chez elle l'élite de tous les ordres de l'état à la ſociété des gens de lettres. Elle venoit de laiſſer en mourant ſa montre & ſa pendule à M. Roux : hélas! ce n'étoit pas pour ſonner ſi-tôt l'heure de ſa mort. Cependant la même horloge a frappé leur trépas à six semaines d'intervalle ; & les gens de lettres ont essuyé coup sur coup ces deux pertes.

Celle de M. Roux est d'autant plus sensible qu'il devoit leur être aussi cher par la fermeté de son attachement que par ses rares connoissances. Jamais il n'abandonnoit l'absent à l'audace de la calomnie, portant les devoirs de l'amitié jusqu'à l'outrage de ceux qui blessoient ses amis, opposant l'accusateur à l'accusé pour défendre l'un par l'autre, démasquant l'envie pour couvrir le talent, & proportionnant toujours la chaleur de l'apologie à la fureur de la diffamation ; mais avec ce sentiment de conviction & d'impartialité qui protege les réputations attaquées, sans faire grace aux réputations usurpées.

Ennemi des fripons, des ignorans & sur-tout des charlatans, parce qu'ils sont l'un & l'autre, M. Roux avoit le courage de la vertu, qui est de poursuivre les vices odieux & les travers insultans : c'étoit quelquefois avec une ironie amere qui pouvoit révolter les prétentions qu'il humilioit ; mais ce défaut de son caractere étoit le contre-poison de beaucoup de pestes publiques.

Je n'ignore pas que plusieurs de ses confreres, soit en médecine (*a*), soit en chymie, le trouvoient aigre dans la dispute, prompt à l'attaque, dur à la réplique, ardent à contredire, retif à céder, tranchant dans la discussion, & obstiné dans l'assertion ; en un mot, qu'on lui reprochoit ces défauts du cabinet qui blessent tant cet esprit malade & *souffreteux* d'un siecle énervé de politesse. Mais ce ne sont, j'ose le dire, ni les meilleurs ni les plus forts esprits qui se plaignoient de lui. Je le défends, & n'attaque personne. Sans doute il s'indignoit quelquefois, (& c'étoit avec raison) de l'injustice du sort des hommes, jusques dans la distribution de la renommée & des récompenses qu'elle attire, quand il

---

(*a*) Voyez l'extrait de la gazette de santé, n°. 41 jeudi 10 octobre 1776, page 161.

voyoit le nouvel initié parvenir à la place du savant laborieux, le jargon l'emporter sur l'étude, les prétentions étouffer les droits, & les brigues agiter & bouleverser la république des lettres, pour substituer à la liberté, mere des grands hommes & des grands ouvrages, un esprit de division & de domination, qui déja prépare & commence la ruine infaillible des sciences. Cet homme vrai, juste, honnête, s'échauffoit, non pour ses intérêts, mais pour ceux de l'équité, passion de la raison; pour l'accroissement des arts utiles & de la science qu'il professoit; pour la considération des gens de mérite oubliés ou rebutés, qu'il estimoit & chérissoit. Cet homme étoit froid & rude, pour le méchant ou l'intriguant peut-être; mais sous cette écorce dure, les embrassemens de l'amitié sentoient palpiter un cœur tendre, compatissant & vertueux; mais l'humanité souffrante voyoit couler des larmes sur ce visage austére. Véritablement ami des hommes, puisqu'il l'étoit des malheureux, il se passionnoit contre les oppresseurs, regardoit comme trahison & lâcheté l'indifférence pour le bien public, & croyoit que c'étoit aimer la patrie & son Roi, que de détester les mauvais administrateurs : mais tout cela, sans déclamations impuissantes, sans esprit de parti, sans intérêt personnel, sans fiel & sans humeur, par le seul instinct de la justice & de l'humanité ; car s'il écrivoit sur la médecine, sans l'exercer, il pratiquoit la vertu, sans en parler.

Personne n'eut plus que lui ces qualités sociales qui partent d'un bon naturel, ces attentions & ces manieres simples, également éloignées de la politesse qui recherche & de celle qui repousse. Il n'avoit que celle du cœur, qui se répand avec franchise, candeur, affectuosité, selon le besoin & le caractere des personnes. On pouvoit juger par les sentimens qu'il témoignoit & qu'il inspiroit aux enfans, combien il eût été bon pere de famille. Aussi regrettoit-il que la fortune, toujours marâtre à son égard, l'eût empêché de suivre le vœu de la nature pour l'état du mariage ; regret de presque tous nos célibataires d'économie, qui flétrit & confond les apologistes de ce siecle : car les peines mêmes & les scandales des mariages mal assortis n'attestent que plus hautement les vices de ce célibat, monstre qui n'engendre rien, enfanté par le luxe qui dévore tout.

Enfin, je le dirai malgré la persécution & le décri qui s'attachent à ce nom, philosophe dans la plus pure acception du terme, & d'autant plus qu'il l'affichoit moins, il remplit tous les devoirs que ce titre impose, sans en ambitionner la gloire vaine ou dangéreuse. Plus jaloux de savoir ou de connoître que d'être connu, jamais il ne sacrifia rien à la renommée, ni la droiture & la fierté de son caractere, ni les heures de l'étude, ni les douceurs de son loisir, ni la vertu, ni le bonheur.

Plus insensible encore à la passion des richesses qu'au desir de la célébrité, M.

Roux fit peu de chose pour sa fortune. Cependant l'amour du travail & de l'étude l'avoit conduit à se former un laboratoire de chymie assez bien fourni, & un cabinet de livres nombreux & choisis dans les meilleurs genres de science & de littérature; cependant il jouissoit par ses travaux de cinq mille livres de rente annuelle, mais précaire, dont il consacroit deux mille francs à des actions de bienfaisance ou de vertu. J'appelle action vertueuse le sacrifice de ses commodités ou de ses plaisirs, pour donner une pension de huit cens francs à son pere, qui n'avoit pas voulu le voir au moment d'une séparation qui pouvoit... qui devoit être éternelle. M. Roux est mort sans la consolation d'entendre la voix, de toucher les mains de ce pere qu'il n'avoit pas embrassé depuis vingt-cinq ans; & ce pere octogénaire, infirme, a le malheur encore de survivre à son fils, qu'il aimoit sans doute, puisqu'il en étoit si religieusement chéri. Car ne croyons pas que cette auſtérité paternelle aille ſans la tendreſſe, nous ſur-tout, enfans de la province, qui voyons dans la capitale, tous les liens de famille ne tenir qu'à de ſimples procédés, & preſque toute la douceur de la vie domeſtique ſe réduire à l'indifférence mutuelle de ceux qui la compoſent. Oui, citoyens de Paris, nous préférons la rigueur de notre éducation & la rudeſſe même de nos parens à cette molle & funeſte condeſcendance de vos vices pour ceux de vos enfans. J'en atteſte la mémoire de l'homme vertueux que je loue. Depuis long-temps il ſe propoſoit chaque année d'aller voir ce pere dont il a paru ſi durement traité. Que ne puis-je recueillir ſur ce papier les larmes d'un vieillard inconſolable! En honorant le fils, elles abſoudroient le pere.

Fin de l'Éloge.

Nous terminerons cet Éloge par l'extrait d'une Lettre qu'un homme très-inſtruit & d'un excellent eſprit, (M. N.) a écrite ſur M. Roux, dont il étoit le diſciple & l'ami.

M. Roux réuniſſoit une foule de connoiſſances diverſes : mais ces connoiſſances ſouvent très-oppoſées, & qui par leur nombre & leur diverſité, ſe nuiſent & s'entr'empêchent, pour ainſi dire, dans la tête de la plupart des hommes, étoient ſingulièrement bien ordonnées dans la ſienne. Tout y étoit claſſé & rangé ſous des dénominations préciſes. L'ordre, la clarté, l'exactitude & la préciſion étoient même, à proprement parler, les caractériſtiques de ſon eſprit, & ces qualités ſi néceſſaires, ſi rares ſur-tout chez les hommes qui, dans quelqu'art ou ſcience que ce ſoit, s'impoſent la tâche pénible d'inſtruire les autres, ſe faiſoient généralement remarquer dans ſes leçons, & les rendoit plus ou moins utiles, ſelon le degré d'attention, de ſagacité, d'aptitude & d'instruction de ceux qui l'écoutoient.

J'ai suivi assiduement ses cours pendant quatre ans ; lorsque des affaires ou une indisposition m'obligeoient de manquer une de ses leçons, j'étois presqu'entiérement dérouté à la leçon suivante : je ne l'entendois plus : la liaison des idées étoit rompue : l'enchaînement des phénomenes ne m'étoit plus présent : je sentois qu'il me manquoit des vérités intermédiaires que je ne pouvois suppléer : en un mot, j'étois comme un homme tombé tout-à-coup des nues au milieu de son laboratoire. Jamais philosophe n'a mieux su, peut-être, classer ses idées : il faisoit rarement précéder celles qui devoient suivre ; & lorsque par distraction, ou forcé par l'abondance & la diversité des matieres dont il devoit nous parler, il lui arrivoit d'interrompre ou de changer l'ordre qu'il s'étoit prescrit comme le plus simple, le plus naturel, & de déplacer une idée, un fait, un phénomene, ou d'anticiper, par quelque mot échappé, sur les matieres dont il ne devoit traiter que dans quelques-unes des leçons suivantes, alors s'il s'en appercevoit, il s'arrêtoit subitement, & remettoit aussitôt chaque chose à sa place. Le plus souvent même, il évitoit de se servir de termes qui ne pouvoient être bien entendus de ses disciples, qu'après leur avoir parlé de tous les phénomenes qui devoient précéder ou préparer celui où ce terme quelconque pouvoit être intelligible pour eux, & présenter à leur esprit des idées claires & distinctes.

Il y a dans toutes les sciences des professeurs, d'ailleurs fort instruits, dont on peut manquer une ou deux leçons sans y perdre beaucoup: on est à-peu près sûr de leur entendre répéter, ou redire en d'autres termes dans un autre temps, ce qu'au milieu d'un grand nombre de choses inutiles ou communes, ils ont pu dire d'important huit ou quinze jours auparavant. Il est au contraire, des hommes d'un génie ardent, impétueux, qui ne pouvant s'assujettir à aucun ordre, ni suivre aucune méthode, se livrent comme des especes d'inspirés, à l'enthousiasme qui les domine, au dieu qui les agite, & laissent errer à l'avanture leur tête fougueuse sur toutes sortes d'objets, sans se mettre en peine si ce qu'ils disent a le moindre rapport au sujet qu'ils traitent. C'est même presque toujours dans ces momens d'orgasme & tout voisins du délire, qu'ils révelent, sans s'en appercevoir, les mysteres de leur art dont ils étoient le plus jaloux; c'est alors qu'il leur échappe involontairement une multitude de vérités neuves, d'idées vastes, profondes & sublimes, inintelligibles pour la plupart de ceux qui les écoutent, très-claires pour des esprits plus avancés, & d'autant plus précieuses à recueillir, que, sortant en foule, & pour ainsi dire, tumultueusement, de leur tête, s'ils ne les mettoient pas au jour, au moment même où ils en sont comme obsédés, elles ne se présenteroient jamais à leur esprit, & seroient perdues pour eux & pour les autres.

Il n'en étoit pas de même de M. Roux: comme il se renfermoit scrupuleusement dans son sujet sans se permettre aucune excursion, qu'il ne disoit que ce qu'il étoit utile de savoir & ce qu'il étoit temps d'apprendre au moment où il parloit; quand on avoit manqué une de ses leçons, il étoit impossible, même avec beaucoup de sagacité, de vues & de connoissances chymiques, de trouver les fils imperceptibles & souvent très-subtils, à l'aide desquels il savoit lier entr'eux les phénomenes en apparence les plus opposés, & appercevoir des rapports entre des vérités éloignées, & par-là même, presque stériles. C'étoit alors un nouvel ordre de choses; & plus il parloit, plus celui qui l'écoutoit, & qui n'avoit pas entendu la leçon précédente, sentoit la perte qu'il avoit faite, & le vuide qu'elle laissoit dans son esprit. *Tantùm series juncturaque pòllet.*

Il y avoit, peut-être, de plus grands chymistes que M. Roux; des manipulateurs plus habiles; des artistes plus consommés encore dans l'art difficile de faire des expériences; des hommes doués

plus

plus que lui de cet inſtinct, de cet eſprit de divination que les anciens ont eu quelquefois, qu'on ne peut pas, à parler exactement, appeller génie, & qui cependant ſe trouve rarement ſans lui; mais je n'ai gueres vu d'homme plus capable par le caractere & la tournure particuliere de ſon eſprit, d'étendre le domaine de la vérité, de ſuivre & de vérifier les découvertes des autres, de les conſtater, de les perfectionner, de lier, à l'aide d'une vérité nouvelle dont ſouvent l'inventeur ne connoît ni ne ſoupçonne pas même la fécondité, des phénomenes juſqu'alors iſolés, & jeter par ce moyen du jour ſur quelques myſteres de la nature; c'eſt que le génie qui invente les choſes eſt peut-être le moins propre à inſtruire les autres. Il y avoit plus à profiter dans un ſeul cours de M. Roux, que dans deux ou trois cours faits ſous quelques-uns des plus grands chymiſtes connus : c'eſt un fait dont ceux qui ont ſuivi leurs leçons & les ſiennes, conviennent unanimement; ce qui prouve, pour le dire en paſſant, combien les progrès que deux enfans, auxquels on ſuppoſe d'ailleurs un degré égal d'intelligence & d'aptitude, peuvent faire dans toute eſpece de ſcience ou d'art, dépendent de la méthode qu'on ſuit pour les inſtruire; car il ne ſuffit pas ſeulement de dire des vérités utiles; il faut encore avoir le talent plus rare qu'on ne penſe, de les préſenter avec ordre & clarté, d'en faire voir les rapports ſouvent très-ſecrets & très-déliés, d'en tirer les conſéquences prochaines & éloignées, de ſaiſir les analogies les plus cachées, d'aſſigner avec préciſion les limites du vrai & du faux dans chaque queſtion; limites réelles que le ſceptique par ſes ſophiſmes captieux s'efforce envain de confondre & de faire évanouir, mais que tout homme ſincere avec lui-même, & qui a de la logique, ne perdra jamais de vue. Si, comme on eſt forcé de l'avouer, il y a dans toutes les ſciences un certain nombre de queſtions ſur leſquelles il ſera long-temps encore permis à tout bon esprit de s'en tenir à la devise de Montagne, il est également vrai que sur ces questions même, & par conséquent sur les connoissances humaines en général, dont les scéptiques contestent indistinctement la certitude, il y a un terme où le Pyrrhonien doit nécessairement s'arrêter, & au-delà duquel le scepticisme n'est plus qu'une philosophie d'enfans.

Ce qui rendoit les leçons de M. Roux plus utiles encore, c'est qu'indépendamment de son plan & de sa méthode d'instruction très-propres à accélérer les progrès de ses éleves, il avoit sur les différens objets de la science dont il s'occupoit, une érudition très-étendue, très-variée & d'autant plus curieuse, que ces sortes de connoissances se trouvent rarement parmi les meilleurs chymistes. Jamais il ne parloit d'une substance végétale, qu'il n'en fit en peu de mots l'histoire naturelle. Commençoit-il l'analyse d'une plante ? Il nommoit le pays où elle croissoit, indiquoit la maniere dont on la cultivoit, celle dont on la recueilloit, exposoit rapidement, & sans s'appésantir sur des détails connus ou peu intéressans, les usages généraux, & particuliers de cette plante dans le pays où elle étoit née, & dans celui où on l'avoit transplantée, ainsi que les secours réels ou supposés qu'elle avoit fournis à la médecine. Traitoit-il d'une substance minérale ou métallique ? Il en faisoit de même l'histoire naturelle : il parloit de sa mine, du pays & du lieu où elle se trouvoit en plus grande abondance, de la maniere dont on l'y exploitoit ; des travaux en grand & en détail relatifs à cette exploitation, de son utilité dans les arts & dans les remedes pharmaceutiques : en un mot, on étoit étonné de la multitude de ses connoissances sur les arts, l'histoire naturelle, la botanique, la physique & la géographie.

Tous ses pas dans la recherche de la vérité étoient lents & timides, mais d'autant plus sûrs, qu'ils avoient toujours pour base l'expérience. C'étoit le seul guide qu'il reconnût, & auquel il se confiât. Il s'arrêtoit quand & toutes les fois qu'elle l'abandonnoit, & ne faisoit jamais un pas au-delà de celui où elle l'avoit conduit. Toujours en garde contre l'analogie & l'induction qui, dans toutes les sciences où elles peuvent avoir lieu, mais particuliérement en physique, en chymie & en histoire naturelle, mettent sur la voie, égarent souvent, & instruisent quelquefois, il les consultoit avec sagacité, les suivoit avec précaution, & ne s'en servoit gueres que pour jeter en passant quelque lueur foible sur une théorie obscure & difficile, ou pour faire des conjectures plus ou moins heureuses qu'il donnoit pour telles. L'esprit de systême lui paroissoit, en général nuisible aux progrès des connoissances humaines. Ce n'est pas que dans toute espece de science, il ne faille toujours commencer par une idée systématique; mais c'est ensuite à l'expérience à l'étayer, à lui donner une base solide, à en constater la vérité, en faisant voir que la théorie est presque dans tous les cas connus ou supposés, d'accord avec les phénomenes; enfin à la ranger dans la classe nombreuse des hypotheses, ou peut-être à la détruire entiérement. L'esprit de systême vraiment nuisible, est celui qui fait négliger l'expérience & l'observation pour inventer des théories plus ou moins ingénieuses sans avoir assez de faits, ou sans s'inquiéter si ceux qui sont déja connus & constatés, confirment ou renversent les suppositions dont on est parti. Voilà l'esprit de systême dont M. Roux étoit l'ennemi, & qui enrayoit encore, selon lui, le char toujours trop lent de la vérité; aussi ne se permettoit-il jamais dans ses leçons de donner l'æthiologie d'un procédé avant de l'avoir constatée par l'expérience; j'en pourrois citer ici plusieurs exemples, mais je me borne au suivant.

L'augmentation de poids dans les chaux métalliques, est un fait connu de tous ceux qui ont quelques notions de chymie. On sait que si on calcine cent liv. de plomb, on en retire environ cent dix livres de chaux. La cause long-temps inconnue de ce phénomene extraordinaire, & bien digne par ſon importance, d'occuper les grands chymiſtes, étoit encore ignorée. Chacun s'empreſſoit à l'envi à la découvrir : une théorie ſuccédoit à une autre théorie : tous les mois les journaux ou les *cotteries* chymiques, (car la chymie a auſſi les ſiennes), annonçoient avec des éloges trop ſouvent emphatiques de nouvelles ſolutions de ce problême. M. Roux liſoit tout, examinoit tout, jetoit, ſi j'oſe m'exprimer de la ſorte, toutes ces différentes hypotheſes dans le creuſet de l'expérience, & s'occupoit en ſilence à détruire ou à conſtater par de nouvelles tentatives faites avec autant de ſoin qu'imaginées avec ſagacité, les théories ſouvent très-oppoſées que les chymiſtes de profeſſion, & ceux qui croient l'être parce qu'ils ont un laboratoire, publioient avec plus ou moins de confiance ; mais ne trouvant point dans ces diverſes théories le degré d'évidence qu'il deſiroit pour déterminer ſon choix, il s'arrêtoit & ſuſpendoit ſon jugement. Il ſe contentoit d'expoſer avec clarté & impartialité dans ſes cours chacune de ces hypotheſes, en faiſoit ſentir le foible, & ne ſe permettoit pas, au moins en public, la plus legere conjecture ſur la cauſe de ce phénomene. Je pourrois, nous diſoit-il, faire à ce ſujet un ſyſtême comme tant d'autres, & vous donner même des explications qui vous paroîtroient ſatisfaiſantes; mais j'agirois contre mes principes & ma propre conviction : je vous éblouirois ſans vous éclairer, & je vous tromperois. Attendons du temps & de l'expérience quelque choſe d'exact & de précis ſur ce point, & ſur beaucoup d'autres auſſi obſcurs & non moins importans. Il vaut mieux avouer ſincérement ſon ignorance que de balbutier des mots, & ſe faire pitié à ſoi-même & aux autres.

FIN.

www.ingramcontent.com/pod-product-compliance
Ingram Content Group UK Ltd.
Pitfield, Milton Keynes, MK11 3LW, UK
UKHW020355180726
13839UKWH00003B/1111